Impressum
Verlag: BABADADA GmbH, Nedderfeld 112 , 22529 Hamburg
Geschäftsführer / Verlagsleitung: Harald Hof
Druck: Books on Demand GmbH, In de Tarpen 42, 22848 Norderstedt

Imprint
Publisher: BABADADA GmbH, Nedderfeld 112 , 22529 Hamburg, Germany
Managing Director / Publishing direction: Harald Hof
Print: Books on Demand GmbH, In de Tarpen 42, 22848 Norderstedt, Germany

škola

școală

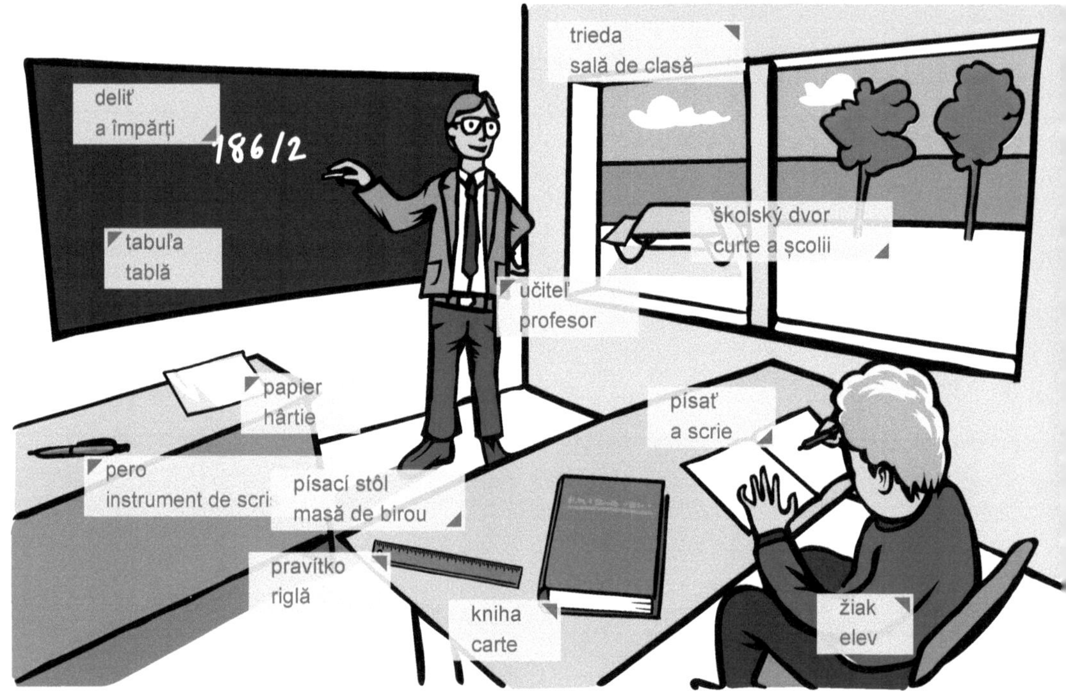
trieda
sală de clasă
deliť
a împărți
186/2
tabuľa
tablă
školský dvor
curte a școlii
učiteľ
profesor
papier
hârtie
písať
a scrie
pero
instrument de scri
písací stôl
masă de birou
pravítko
riglă
kniha
carte
žiak
elev

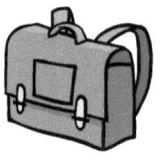

školská taška

ghiozdan

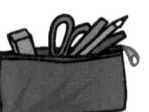

peračník

penar

ceruza

creion

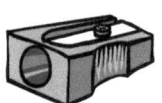

strúhadlo na ceruzky

ascuțitoare

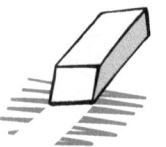

guma

radieră

skicár

bloc de desen

kresba
desen

štetec
pensulă

vodové farby
cutie de acuarele

nožnice
foarfece

lepidlo
lipici

cvičný zošit
caiet de exerciții

domáca úloha
temă

12

číslo
număr

2+2

sčítať
a aduna

5-2

odčítať
a scădea

2×2

násobiť
a multiplica

počítať
a calcula

A

písmeno
literă

ABCDEFG
HIJKLMN
OPQRSTU
VWXYZ

abeceda
alfabet

slovo
cuvânt

text
text

čítať
a citi

krieda
cretă

hodina
oră

triedna kniha
catalog

skúška
examen

certifikát
certificat

školská uniforma
uniformă școlară

vzdelanie
educație

encyklopédia
enciclopedie

univerzita
universitate

mikroskop
microscop

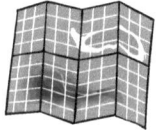

mapa
hartă

kôš na papier
coș de gunoi

cesta
călătorie

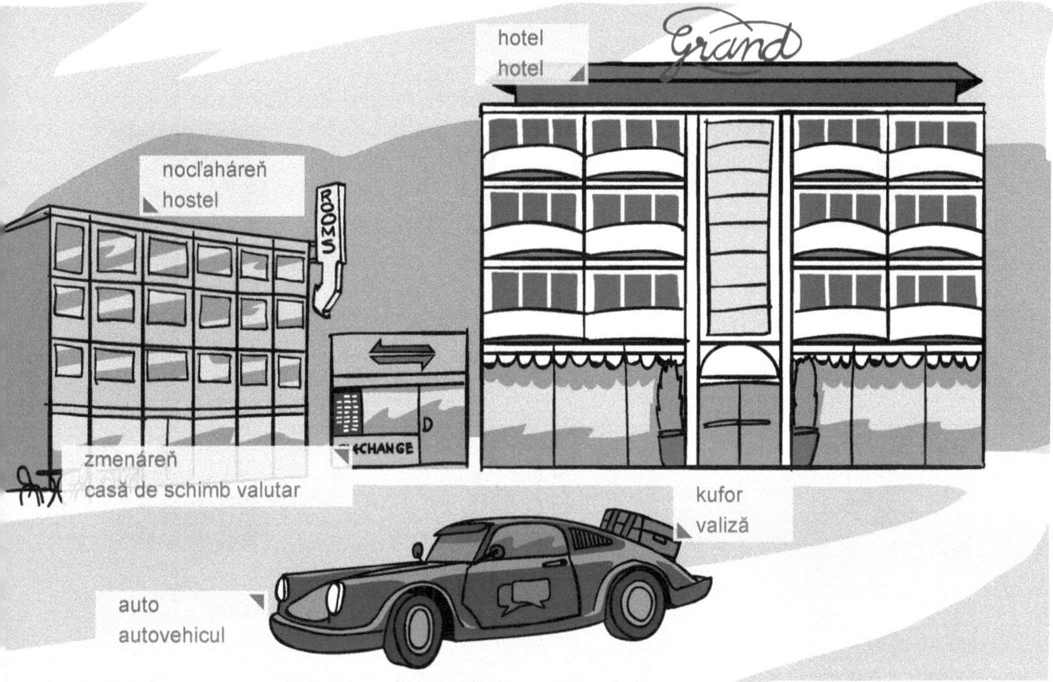
hotel
hotel
Grand
nocľaháreň
hostel
ROOMS
zmenáreň
casă de schimb valutar
EXCHANGE
kufor
valiză
auto
autovehicul

jazyk

limbă

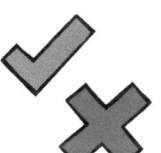

áno/nie

da/nu

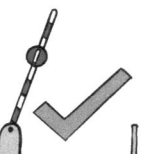

v poriadku

okay

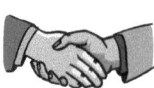

ahoj

Bună!

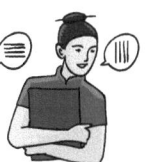

prekladateľ

interpret

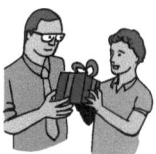

ďakujem

mulțumesc

Koľko stojí ... ?

Cât costă…?

Nerozumiem

Nu înțeleg

problém

problemă

Dobrý večer!

Bună seara!

Dobré ráno!

Bună dimineața!

Dobrú noc!

Noapte bună!

Dovidenia

la revedere

smer

direcție

batožina

bagaj

taška

geantă

batoh

rucsac

hosť

oaspete

izba

cameră

spacák

sac de dormit

stan

cort

informácie pre turistov

punct de informare turistică

pláž

plajă

kreditná karta

carte de credit

raňajky

mic dejun

obed

masa de prânz

večera

cină

cestovný lístok

bilet de călătorie

výťah

lift

poštová známka

timbru poştal

hranica

graniţă

clo

vamă

veľvyslanectvo

ambasadă

vízum

viză

cestovný pas

paşaport

doprava
transport

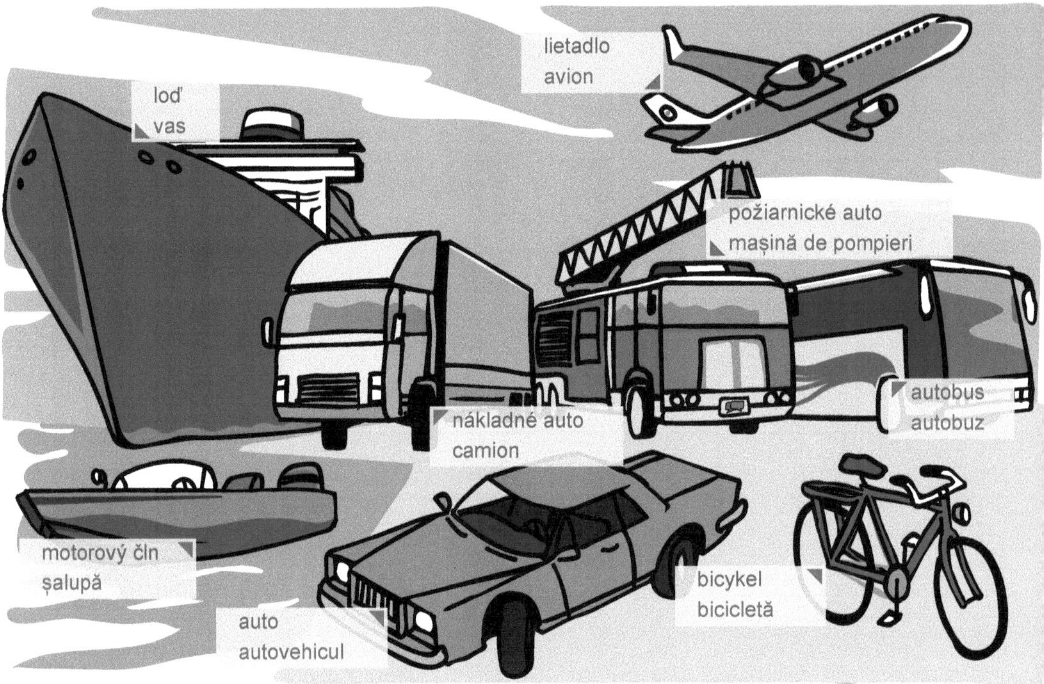
lietadlo
avion
loď
vas
požiarnické auto
mașină de pompieri
autobus
autobuz
nákladné auto
camion
motorový čln
șalupă
bicykel
bicicletă
auto
autovehicul

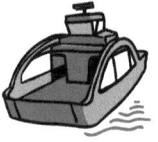

trajekt
feribot

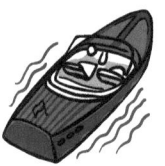

loď
barcă

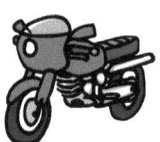

motorka
motocicletă

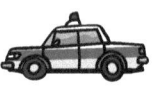

policajné auto
mașină de poliție

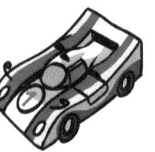

pretekárske auto
mașină de curse

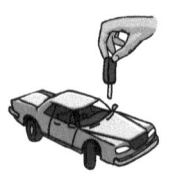

vozidlo z požičovne
mașină închiriată

carsharing

car sharing

odťahové auto

mașină de tractat

smetiarske auto

mașină de gunoi

motor

motor

benzín

combustibil

čerpacia stanica

benzinărie

dopravná značka

semn de circulație

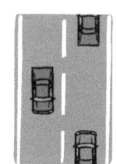

premávka

trafic

zápcha

ambuteiaj

parkovisko

parcare

vlaková stanica

gară

trate

șine

vlak

tren

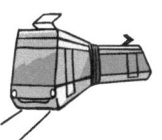

električka

tramvai

vagón

vagon

helikoptéra

elicopter

letisko

aeroport

veža

turn

pasažier

pasager

kontajner

container

kartón

carton

vozík

căruță

kôš

coș

štartovať / pristáť

a decola/a ateriza

mesto

oraș

dedina

sat

centrum mesta

centru

dom

casă

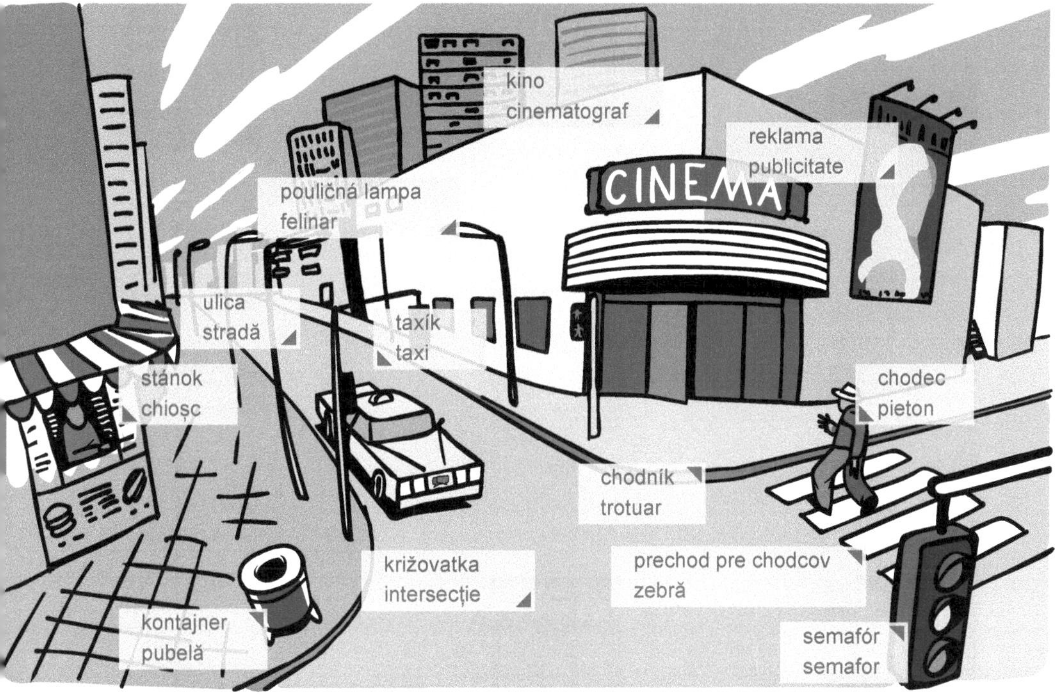

kino
cinematograf
reklama
publicitate
CINEMA
pouličná lampa
felinar
ulica
stradă
taxík
taxi
stánok
chioșc
chodec
pieton
chodník
trotuar
križovatka
intersecție
prechod pre chodcov
zebră
kontajner
pubelă
semafór
semafor

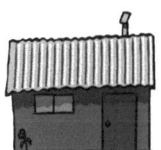

chata
cabană

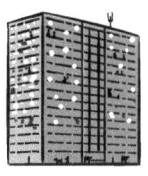

byt
apartament

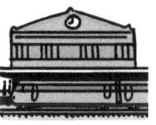

vlaková stanica
gară

radnica
primărie

MUSEUM
múzeum
muzeu

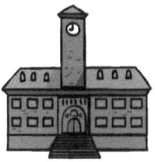

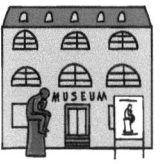

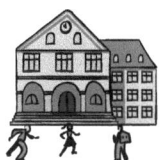

škola
școală

univerzita

universitate

banka

bancă

nemocnica

spital

hotel

hotel

lekáreň

farmacie

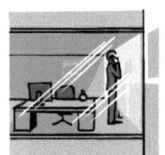

kancelária

birou

kníhkupectvo

librărie

obchod

magazin

kvetinárstvo

florărie

supermarket

supermarket

trh

piață

obchodný dom

magazin universal

obchodník s rybami

comerciant de pește

nákupné stredisko

centru comercial

prístav

port

park

parc

lavička

bancă

most

pod

schody

trepte

metro

metrou

tunel

tunel

autobusová zastávka

stație de autobuz

bar

bar

reštaurácia

restaurant

poštová schránka

cutie poștală

tabuľa s názvom ulice

tăbliță indicatoare cu
numele străzii

parkovacie hodiny

parcometru

ZOO

grădină zoologică

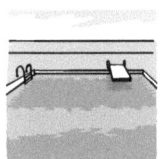

plaváreň

piscină

mešita

moschee

farma

gospodărie țărănească

znečisťovanie životného prostredia

poluare

cintorín

cimitir

kostol

biserică

ihrisko

loc de joacă

chrám

templu

terén

peisaj

list
frunză

smerová tabuľa
indicator

cesta
drum

lúka
pajiște

kameň
piatră

turista
drumeț

strom
copac

rieka
râu

tráva
iarbă

kvet
floare

dolina
vale

kopec
deal

jazero
lac

les
pădure

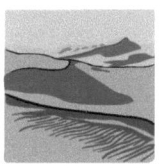

púšť
deșert

vulkán
vulcan

zámok
castel

dúha
curcubeu

hríb
ciupercă

palma
palmier

komár
țânțar

mucha
muscă

mravec
furnică

včela
albină

pavúk
păianjen

chrobák

gândac

žaba

broască

veverička

veveriţă

jež

arici

zajac

iepure

sova

bufniţă

vták

pasăre

labuť

lebădă

diviak

porc mistreţ

jeleň

cerb

los

elan

hrádza

dig

veterná turbina

turbină eoliană

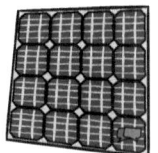

solárny panel

panou solar

podnebie

climă

reštaurácia
restaurant

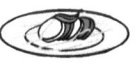

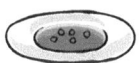

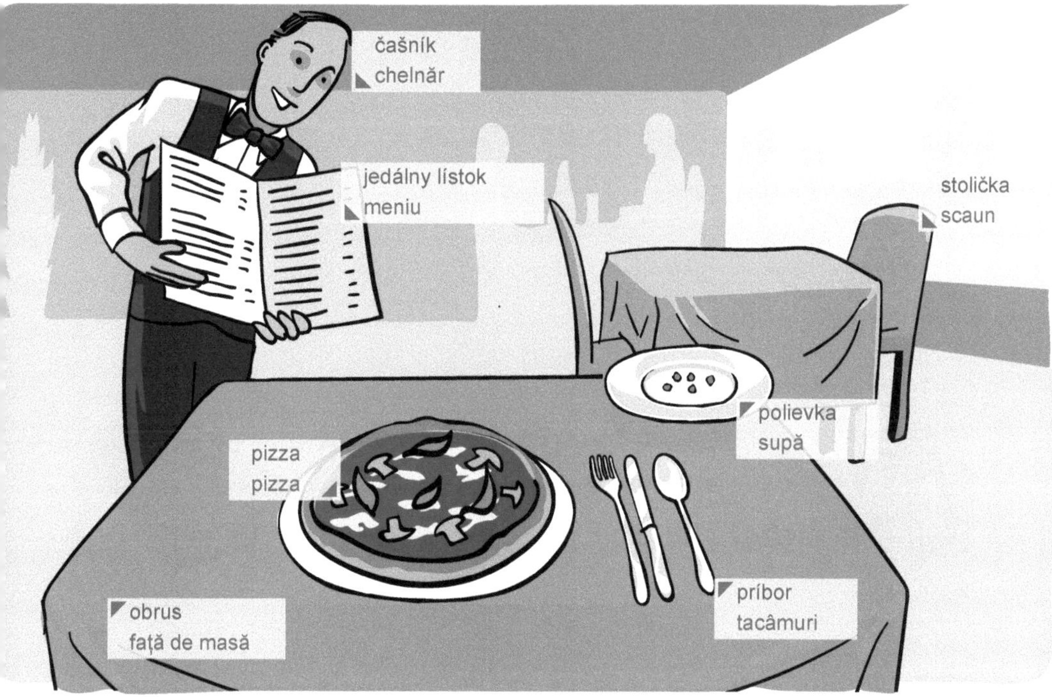
čašník
chelnăr
jedálny lístok
meniu
stolička
scaun
polievka
supă
pizza
pizza
príbor
tacâmuri
obrus
față de masă

predjedlo

antreu

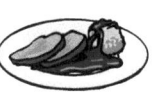

hlavné jedlo

fel principal

zákusok

desert

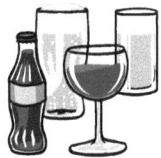

nápoje

băuturi

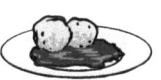

jedlo

mâncare

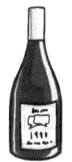

fľaša

sticlă

fast-food

fastfood

street food

streetfood

kanvica na čaj

ceainic

cukornička

zaharniță

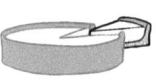

porcia

porție

stroj na espresso

espressor

detská stolička

scaun înalt (pentru copii)

účet

factură

podnos

tavă

nôž

cuțit

vidlička

furculiță

lyžica

lingură

čajová lyžička

linguriță

obrúsok

șervețel

pohár

pahar

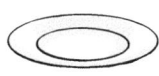

tanier

farfurie

hlboký tanier

farfurie de supă

podšálka

farfurie

omáčka

sos

soľnička

solniţă

mlynček na korenie

râşniţă de piper

ocot

oţet

olej

ulei

korenie

condimente

kečup

ketchup

horčica

muştar

majonéza

maioneză

supermarket
supermarket

špeciálna ponuka
ofertă
FOR
klient
client
mliečne výrobky
produse lactate
ovocie
fructe
nákupný vozík
cărucior de cumpărături

BUTCHERS

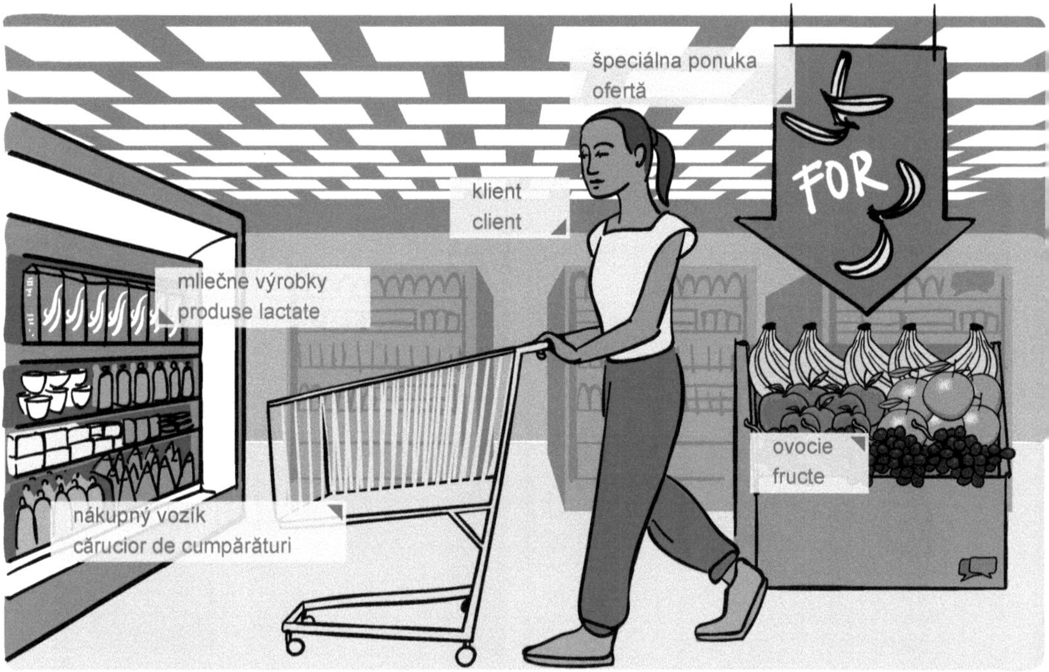

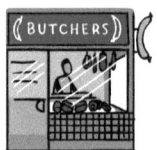

mäsiarstvo
măcelărie

BAKERY

pekáreň
brutărie

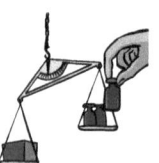

vážiť
a cântări

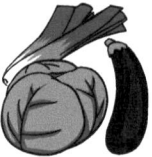

zelenina
legume

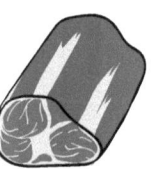

mäso
carne

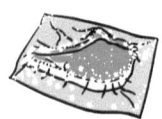

mrazené potraviny
alimente refrigerate

nárez
mezeluri și brânzeturi feliate

konzervy
conserve

prací prostriedok
detergent

sladkosti
dulciuri

domáce potreby
articole de menaj

čistiace prostriedky
produse de curățenie

predavačka
vânzătoare

pokladňa
casă

pokladník
casier

nákupný zoznam
listă de cumpărături

otváracie hodiny
orar

peňaženka
portmoneu

kreditná karta
carte de credit

taška
geantă

plastové vrecko
pungă de plastic

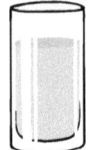

voda

apă

džús

suc

mlieko

lapte

kola

cola

víno

vin

pivo

bere

alkohol

alcool

kakao

cacao

čaj

ceai

káva

cafea

espresso

espresso

kapučíno

cappucino

banán
banane

jablko
măr

pomaranč
portocală

melón
pepene

citrón
lămâie

mrkva
morcov

cesnak
usturoi

bambus
bambus

cibuľa
ceapă

hríb
ciupercă

orechy
nuci

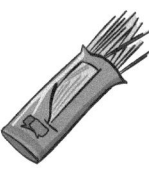

rezance
paste făinoase

špagety

spagheti

ryža

orez

šalát

salată

hranolky

cartofi prăjiți

pečené zemiaky

cartofi țărănești

pizza

pizza

hamburger

hamburger

obložený chlebík

sandwich

rezeň

șnițel

šunka

șuncă

saláma

salam

klobása

cârnați

kurča

pui

pečené mäso

friptură

ryba

pește

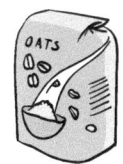

ovsené vločky

fulgi de ovăz

müsli

musli

kukuričné lupienky

cereale

múka

făină

croissant

corn

pečivo

chifle

chlieb

pâine

hrianka

pâine prăjită

sušienky

biscuiți

maslo

unt

tvaroh

brânză de vaci

koláč

prăjitură

vajce

ou

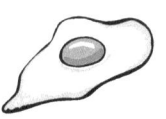

volské oko

ouă ochiuri

syr

brânză

zmrzlina

îngheţată

cukor

zahăr

med

miere

lekvár

marmeladă

nugátová nátierka

cremă nuga

karí korenie

curry

farma

gospodărie ţărănească

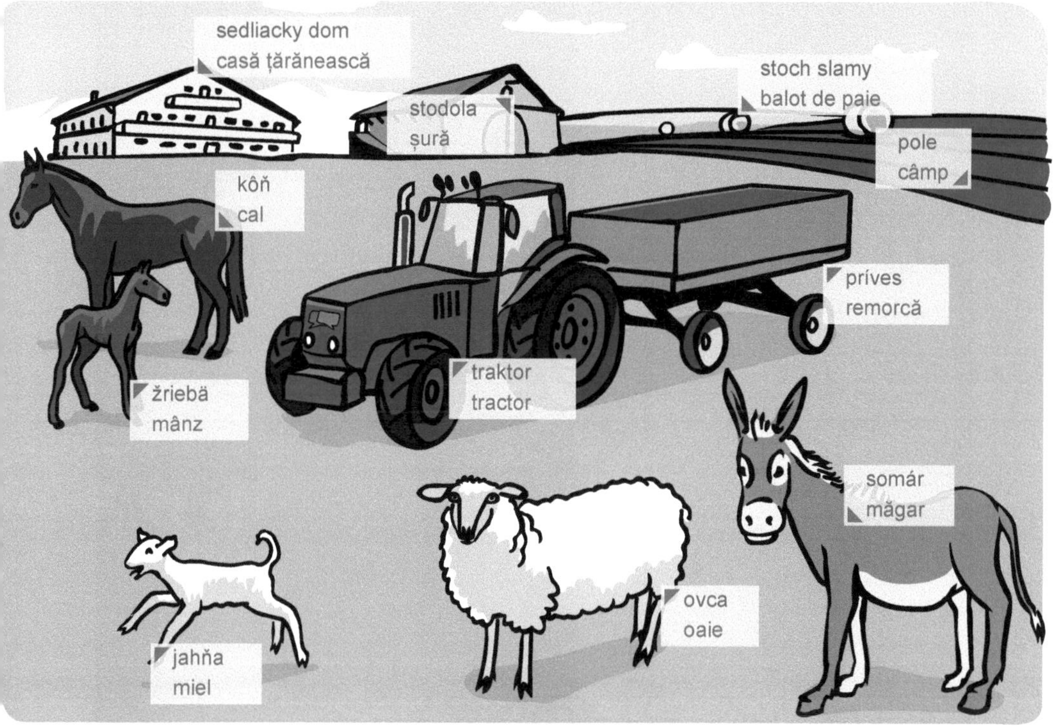

sedliacky dom
casă ţărănească
stodola
şură
stoch slamy
balot de paie
pole
câmp
kôň
cal
príves
remorcă
traktor
tractor
žriebä
mânz
somár
măgar
ovca
oaie
jahňa
miel

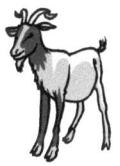

koza

capră

krava

vacă

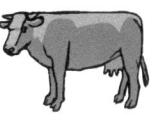

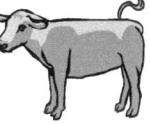

teľa

viţel

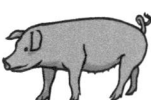

prasa

porc

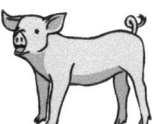

prasiatko

purcel

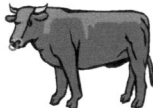

býk

taur

hus
găină

kačica
rață

kuriatko
pui

sliepka
găină

kohút
cocoș

potkan
șobolan

mačka
pisică

myš
șoarece

vôl
bou

pes
câine

psia búda
cușcă

záhradná hadica
furtun de grădină

krhla
stropitoare

kosa
coasă

pluh
plug

kosák

secerǎ

motyka

sapǎ

vidly na hnoj

furcǎ

sekera

secure

fúrik

roabǎ

koryto

troacǎ

kanva na mlieko

canǎ pentru lapte

vrece

sac

plot

gard

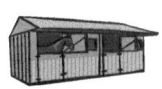

maštaľ

grajd

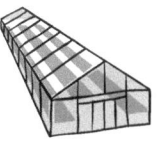

skleník

serǎ

pôda

sol

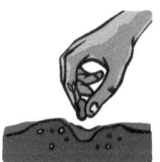

osivo

sǎmânțǎ

hnojivo

fertilizator

kombajn

combinǎ de treierat

žať
a culege

žatva
recoltă

batát
cartof yam

pšenica
grâu

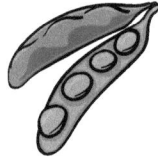

sója
soia

zemiak
cartof

kukurica
porumb

repka
rapiță

ovocný strom
pom fructifer

maniok
manioc

obilie
cereale

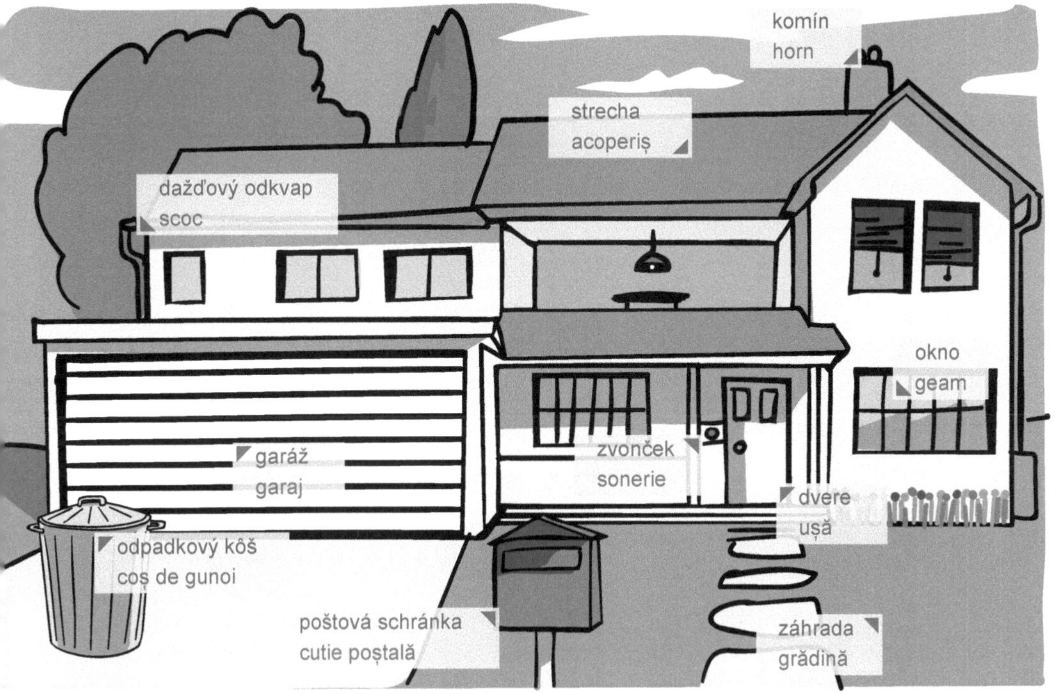

komín
horn

strecha
acoperiș

dažďový odkvap
scoc

komín
okno
geam

garáž
garaj

zvonček
sonerie

dvere
ușă

odpadkový kôš
coș de gunoi

poštová schránka
cutie poștală

záhrada
grădină

obývačka

cameră de zi

kúpeľňa

baie

kuchyňa

bucătărie

spálňa

dormitor

detská izba

camera copiilor

jedáleň

sufragerie

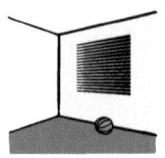

podlaha

podea

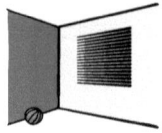

stena

perete

strop

tavan

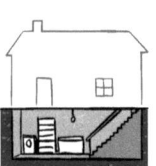

pivnica

pivniță

sauna

saună

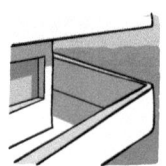

balkón

balcon

terasa

terasă

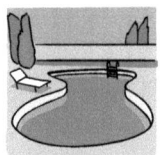

bazén

piscină

kosačka

mașină de tuns iarba

obliečka

cearșaf

posteľná prikrývka

cuvertură

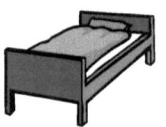

posteľ

pat

metla

mătură

vedro

găleată

vypínač

întrerupător

obývačka
cameră de zi

tapeta
tapet
obraz
pictură
lampa
lampă
regál
raft
skriňa
dulap
televízor
televizor
kozub
șemineu
kvet
floare
vankúš
pernă
pohovka
sofa
váza
vază
diaľkové ovládanie
telecomandă

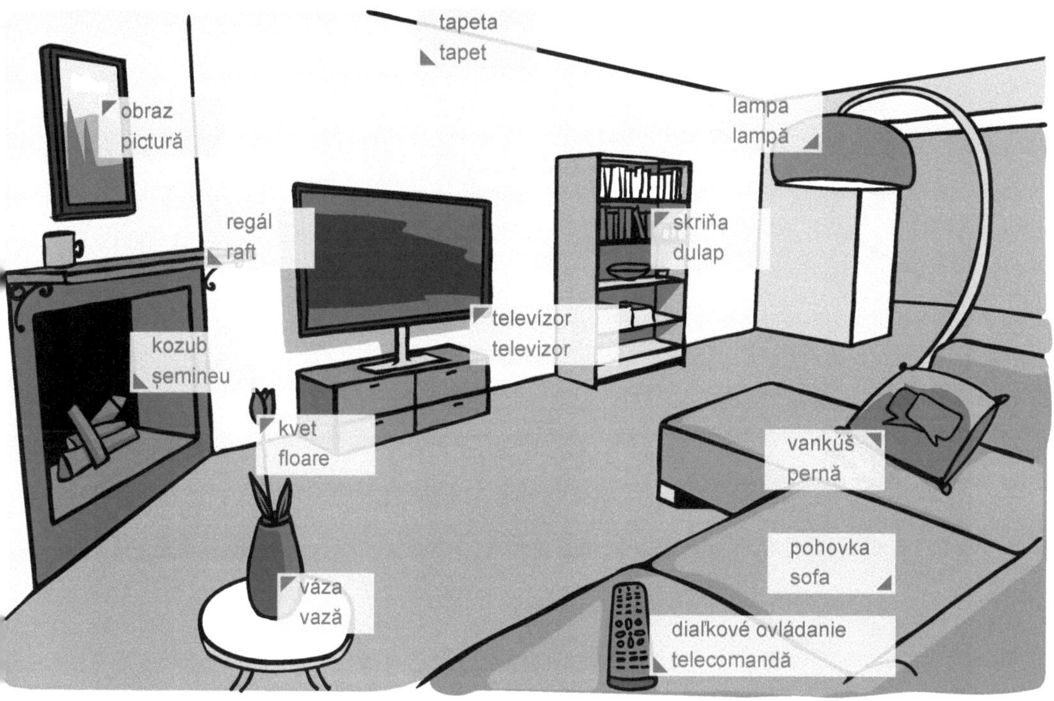

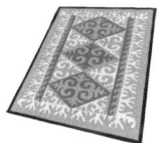

koberec

covor

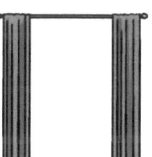

záclona

perdea

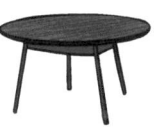

stôl

masă

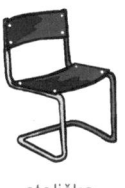

stolička

scaun

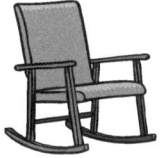

hojdacie kreslo

balansoar

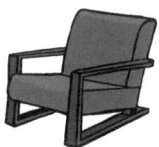

kreslo

fotoliu

kniha

carte

prikrývka

pătură

dekorácia

decoraţiune

drevo na kúrenie

lemn de foc

film

film

hi-fi veža

instalaţie stereo

kľúč

cheie

noviny

ziar

maľba

desen

plagát

poster

rádio

radio

zápisník

caiet de notiţe

vysávač

aspirator

kaktus

cactus

sviečka

lumânare

kuchyňa
bucătărie

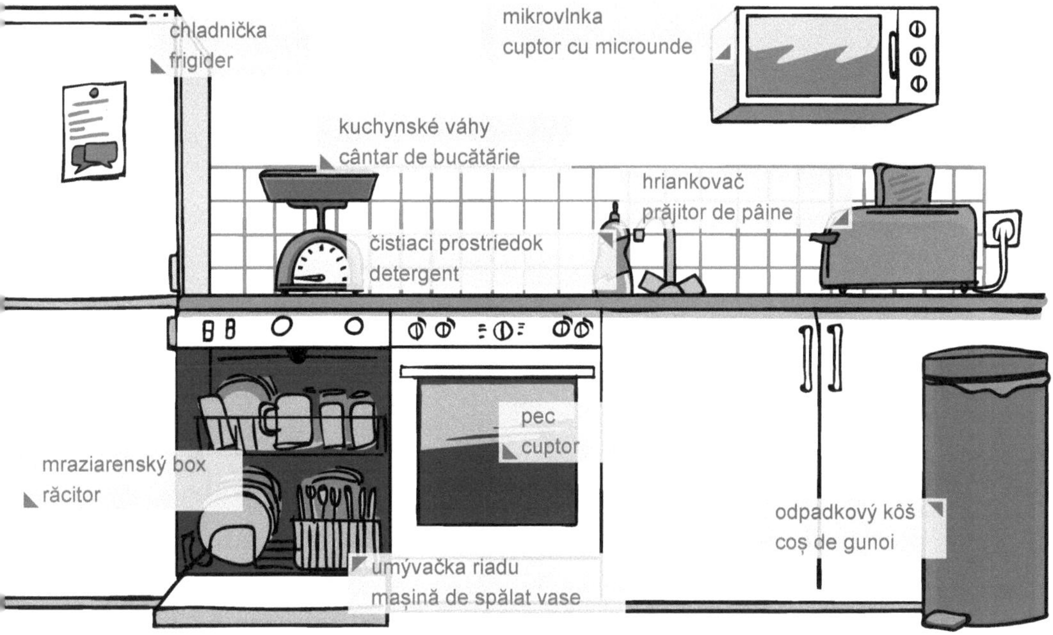
chladnička
frigider
mikrovlnka
cuptor cu microunde
kuchynské váhy
cântar de bucătărie
hriankovač
prăjitor de pâine
čistiaci prostriedok
detergent
pec
cuptor
mraziarenský box
răcitor
odpadkový kôš
coș de gunoi
umývačka riadu
mașină de spălat vase

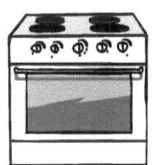

sporák
cuptor

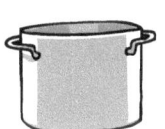

hrniec
oală

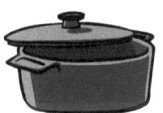

železný hrniec
oală de metal

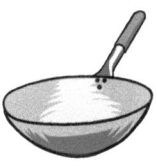

wok / kadai
wok/kadai

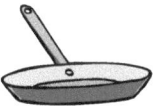

panvica
tigaie

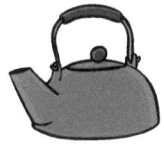

rýchlovarná kanvica
ceainic

parný hrniec

oală de gătit cu aburi

plech na pečenie

tavă de copt

riad

veselă

pohár

pahar

misa

bol

paličky

bețișoare

naberačka na polievku

polonic

stierka

spatulă

metlička

tel

cedidlo

sită

sitko

sită

strúhadlo

răzătoare

mažiar

mojar

gril

grătar

ohnisko

loc pentru grătar

doska na krájanie

tocător

valček na cesto

sucitor

vývrtka

tirbușon

konzerva

conservă

otvárač na konzervy

deschizător de conserve

chňapka

șervete termice

výlevka

chiuvetă

kefa

perie

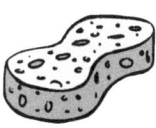

hubka

burete

mixér

mixer

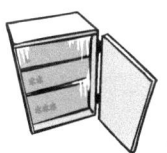

mraznička

ladă frigorifică

kojenecká fľaša

biberon

vodovodný kohútik

robinet

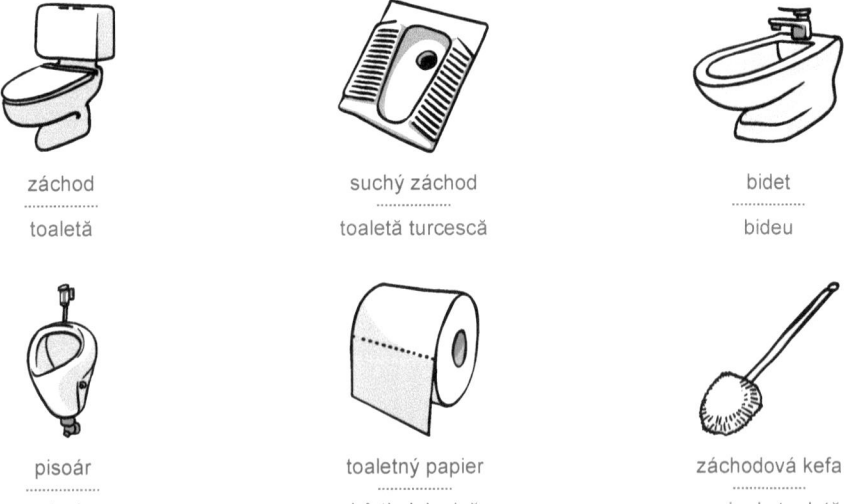

kúpeľňa
baie

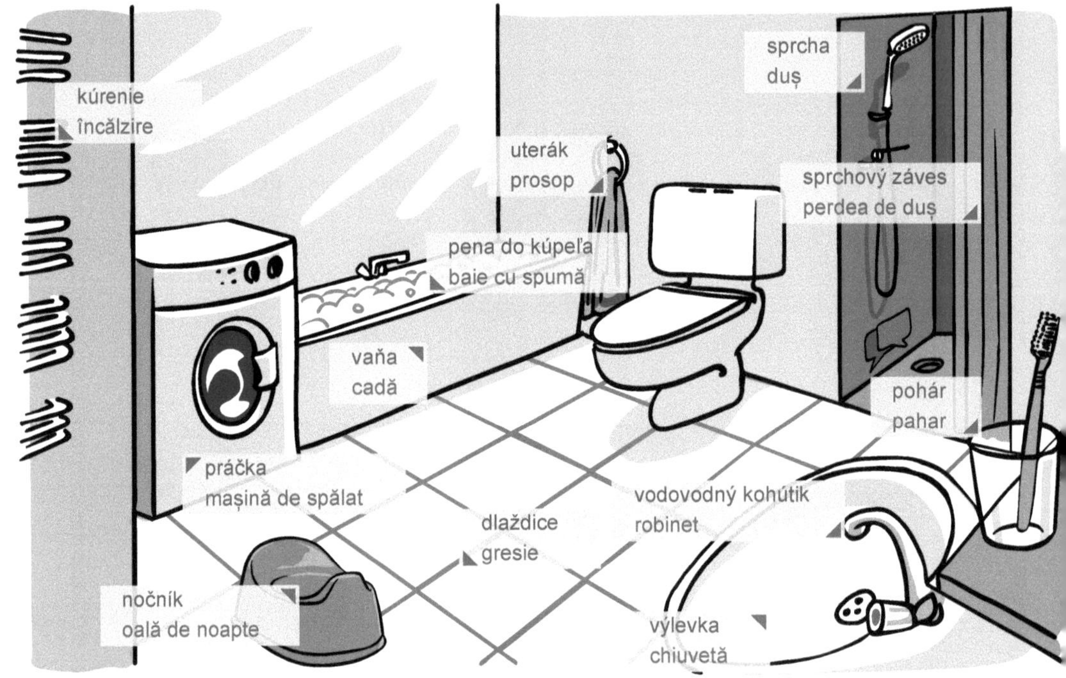
sprcha
duș
kúrenie
încălzire
uterák
prosop
sprchový záves
perdea de duș
pena do kúpeľa
baie cu spumă
vaňa
cadă
pohár
pahar
práčka
mașină de spălat
vodovodný kohútik
robinet
dlaždice
gresie
nočník
oală de noapte
výlevka
chiuvetă

záchod
toaletă

suchý záchod
toaletă turcescă

bidet
bideu

pisoár
pisoir

toaletný papier
hârtie igienică

záchodová kefa
perie de toaletă

zubná kefka

periuță de dinți

zubná pasta

pastă de dinți

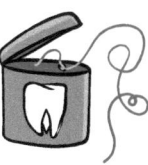

dentálna niť

ață dentară

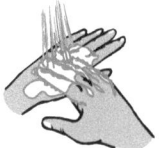

umývať

a spăla

ručná sprcha

cap de duș

sprcha pre intímnu hygienu

duș intim

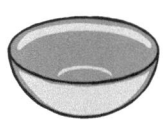

umývadlo

lavoar

kefa na chrbát

perie pentru spate

mydlo

săpun

sprchový gél

gel de duș

šampón

șampon

frotírová rukavica

cârpă de spălat

odtok

scurgere

krém

cremă

dezodorant

deodorant

zrkadlo

oglindă

kozmetické zrkadlo

oglindă cosmetică

žiletka

aparat de ras

pena na holenie

spumă de ras

voda po holení

aftershave

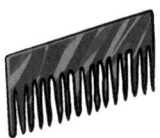

hrebeň

pieptene

kefa

perie

sušič vlasov

uscător de păr

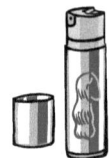

sprej na vlasy

fixator

make-up

machiaj

rúž

ruj

lak na nechty

lac de unghii

vata

vată

nožnice na nechty

foarfece de unghii

parfum

parfum

kozmetická taška

neseser

stolček

taburet

váha

cântar

kúpací plášť

halat de baie

gumové rukavice

mănuși de cauciuc

tampón

tampon

menštruačná vložka

tampon

chemické WC

toaletă chimică

detská izba
camera copiilor

budík
ceas deșteptător
plyšová hračka
jucărie de pluș
hračkárske auto
mașină de jucărie
hrkálka
morișcă
domček pre bábiky
casă de păpuși
dar
cadou

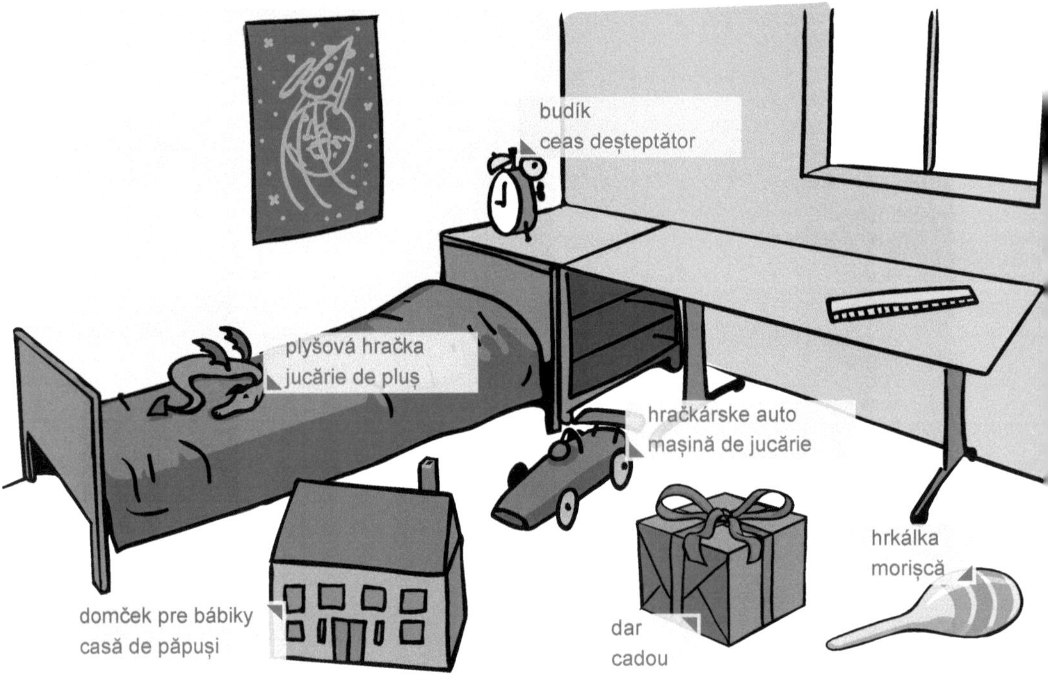

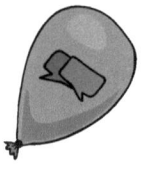

balón

balon

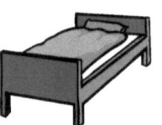

posteľ

pat

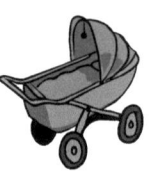

detský kočík

cărucior de copii

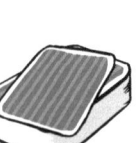

karty

joc de cărți

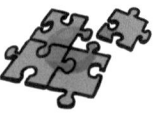

puzzle

puzzle

komix

revistă de benzi desenate

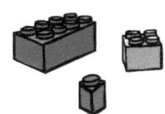

skladačka lego

cuburi lego

stavebnica

piese pentru construcţii

akčná postavička

personaj din filmele de acţiune

dupačky

body

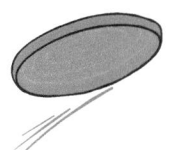

lietajúci tanier

frisbee

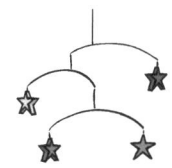

závesné hračky

mobil

stolová hra

joc de societate

kocka

zar

modelový vláčik

set trenuleţ de jucărie

cumlík

suzetă

párty

petrecere

obrázková kniha

carte cu poze

lopta

minge

bábika

păpuşă

hrať sa

a se juca

pieskovisko

groapă de nisip

hojdačka

leagăn

hračky

jucării

hracia konzola

consolă video

trojkolka

tricicletă

medvedík

ursuleț

šatník

dulap

ponožky

šosete

pančuchy

ciorapi

pančuchové nohavičky

dres

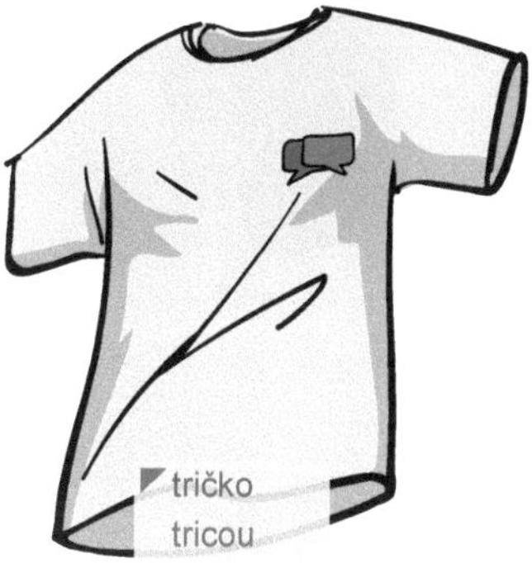

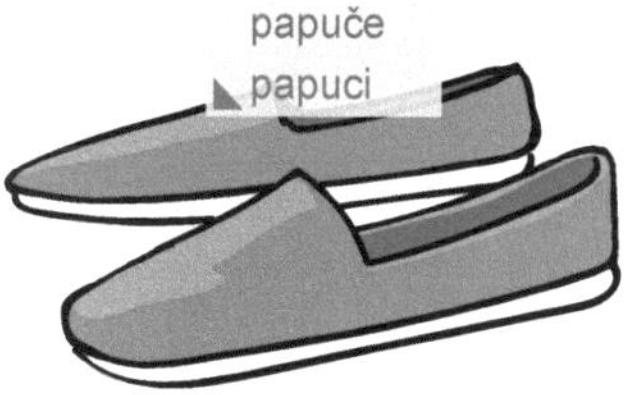

šál
şal

dáždnik
umbrelă

tričko
tricou

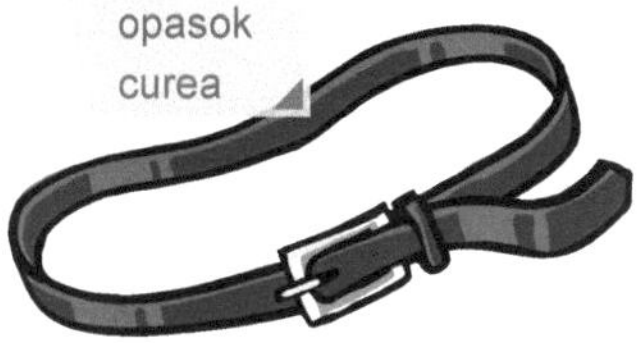

opasok
curea

čižmy
cizme

papuče
papuci

tenisky
pantofi sport

sandále
sandale

topánky
încălțăminte

gumáky
cizme de cauciuc

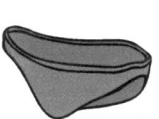

spodky
chilot

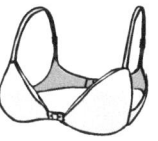

podprsenka
sutien

tielko
maiou

body
body

nohavice
pantaloni

džínsy
blugi

sukňa
fustă

blúzka
bluză

košeľa
cămașă

pulóver
pulover

sveter
jerseu

blejzer
sacou

bunda
jachetă

kabát
palton

pršiplášť
pelerină de ploaie

kostým
costum

šaty
rochie

svadobné šaty
rochie de mireasă

oblek

costum

nočná košeľa

cămașă de noapte

pyžamo

pijama

sari

sari

šatka na hlavu

batic

turban

turban

burka

burka

kaftan

caftan

abaja

abaya

dvojdielne plavky

costum de baie

plavky

șort

šortky

pantaloni scurți

teplákova súprava

trening

zástera

șorț

rukavice

mănuși

gombík

nasture

okuliare

ochelari

náramok

brățară

retiazka

lanț

prsteň

inel

náušnica

cercel

čiapka

căciulă

vešiak

umeraș

klobúk

pălărie

kravata

cravată

zips

fermoar

prilba

cască

traky

bretele

školská uniforma

uniformă școlară

uniforma

uniformă

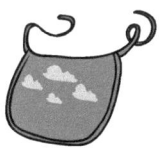

podbradník

bavețică

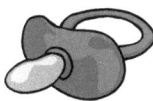

cumlík

suzetă

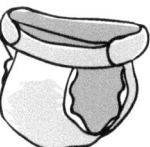

plienka

scutec

kancelária
birou

server
server
skriňa na spisy
dulap de acte
tlačiareň
imprimantă
papier
hârtie
monitor
monitor
písací stôl
masă de birou
myš
mouse
zakladač
fișier
klávesnica
tastatură
kôš na papier
coș de gunoi
počítač
computer
stolička
scaun

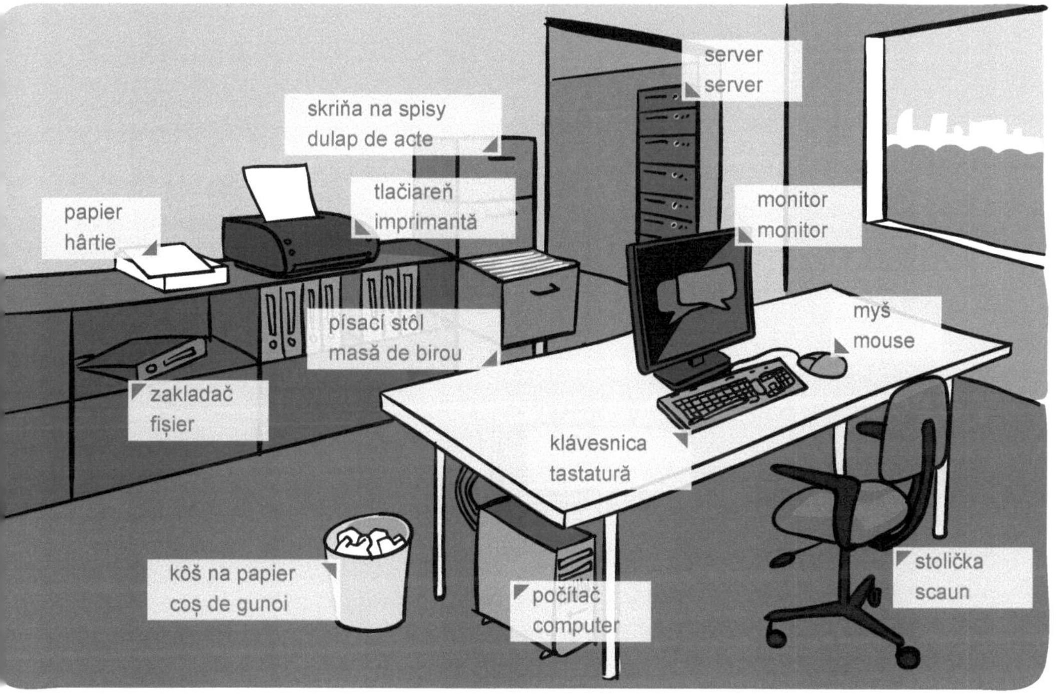

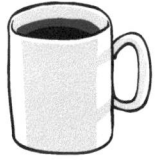

hrnček na kávu

ceașcă de cafea

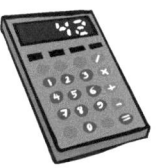

kalkulačka

calculator

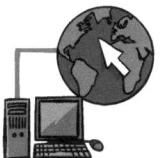

internet

internet

laptop
laptop

list
scrisoare

správa
mesaj

mobil
telefon mobil

sieť
reţea

kopírka
copiator

softvér
software

telefón
telefon

elektrická zásuvka
priză

fax
fax

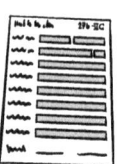

formulár
formular

doklad
document

kúpiť

a cumpăra

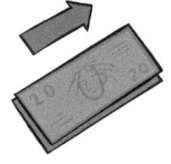

platiť

a plăti

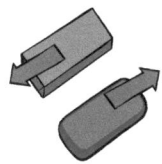

obchodovať

a face comerţ

peniaze

bani

dolár

Dolar

euro

Euro

jen

Yen

rubeľ

Rublă

švajčiarsky frank

Franc Elveţian

čínsky jüan

renminbi yuan

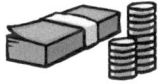

rupia

Rupie

bankomat

bancomat

zmenáreň

casă de schimb valutar

zlato

aur

striebro

argint

ropa

petrol

energia

energie

cena

preţ

zmluva

contract

daň

impozit

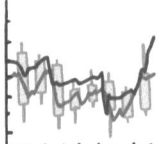

akcia

acţiune

pracovať

a munci

zamestnanec

angajat

zamestnávateľ

angajator

továreň

fabrică

obchod

magazin

hospodárstvo - economie

povolania
ocupații

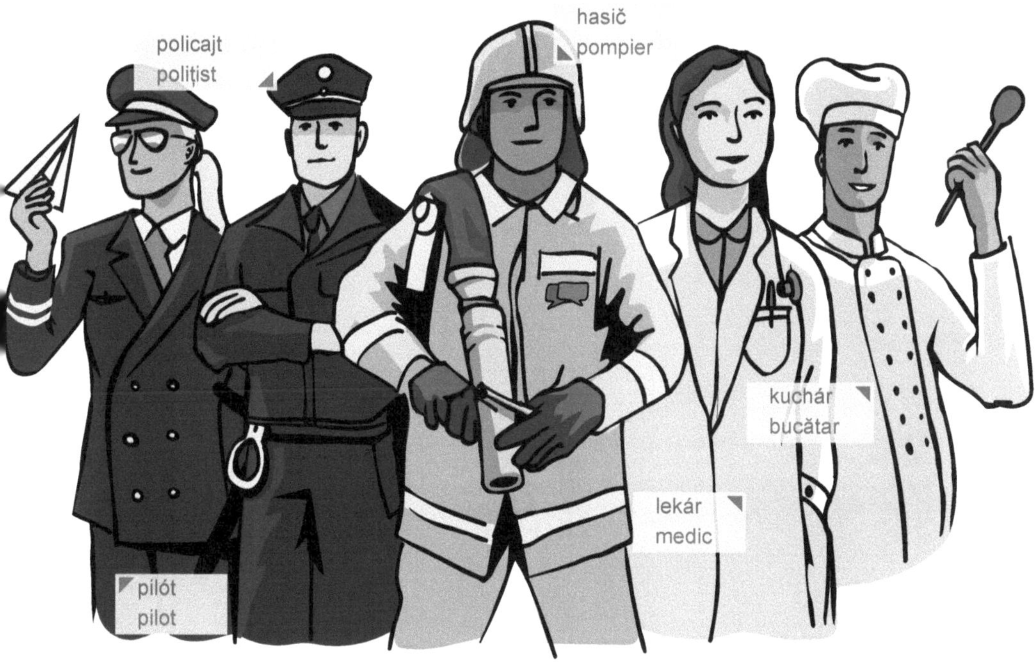

hasič
pompier
policajt
polițist
kuchár
bucătar
lekár
medic
pilót
pilot

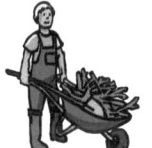

záhradník

grădinar

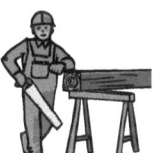

stolár

tâmplar

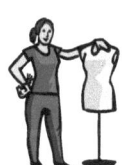

krajčírka

cusătoreasă

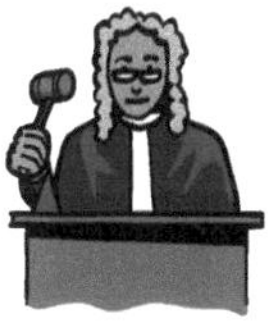

sudca

judecător

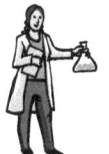

chemik

chimist

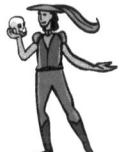

herec

actor

vodič autobusu

șofer de autobuz

taxikár

șofer de taxi

rybár

pescar

upratovačka

femeie de serviciu

pokrývač

tinichigiu

čašník

chelnăr

poľovník

vânător

maliar

pictor

pekár

brutar

elektrikár

electrician

stavebný robotník

muncitor în construcții

inžinier

inginer

mäsiar

măcelar

klampiar

instalator

poštár

poștaș

vojak
soldat

architekt
arhitect

pokladník
casier

kvetinár
florar

kaderník
frizer

sprievodca
controlor

mechanik
mecanic

kapitán
căpitan

zubár
stomatolog

vedec
om de știință

rabín
rabin

imám
imam

mních
călugăr

farár
preot

náradie
instrumente

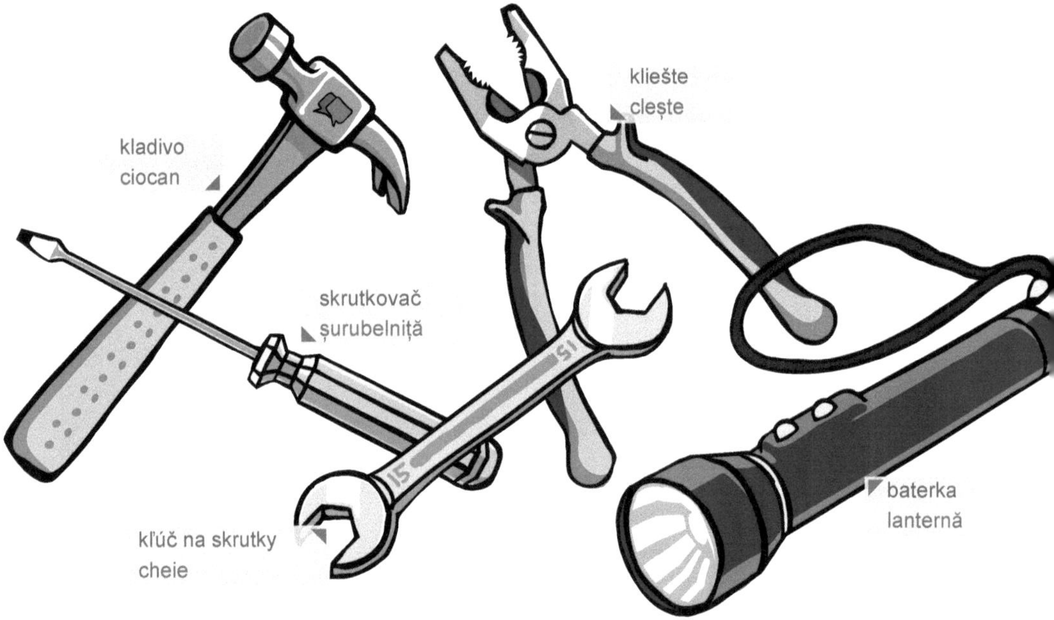

kladivo
ciocan
kliešte
clește
skrutkovač
șurubelniță
kľúč na skrutky
cheie
baterka
lanternă

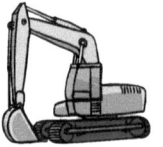

bager
excavator

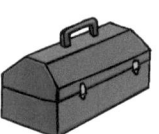

súprava náradia
cutie de scule

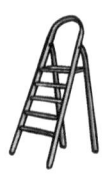

rebrík
scară

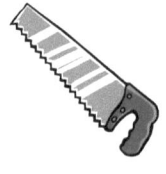

pílka
ferăstrău

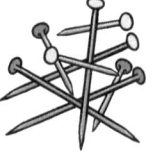

klince
cuie

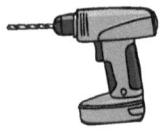

vrták
burghiu

opraviť

a repara

lopata

lopată

Do čerta!

La naiba!

lopatka na smeti

fáraš

nádoba s farbou

vas pentru vopsea

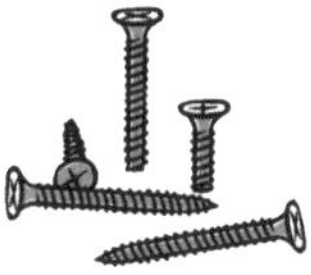

skrutky

šuruburi

hudobné nástroje

instrumente muzicale

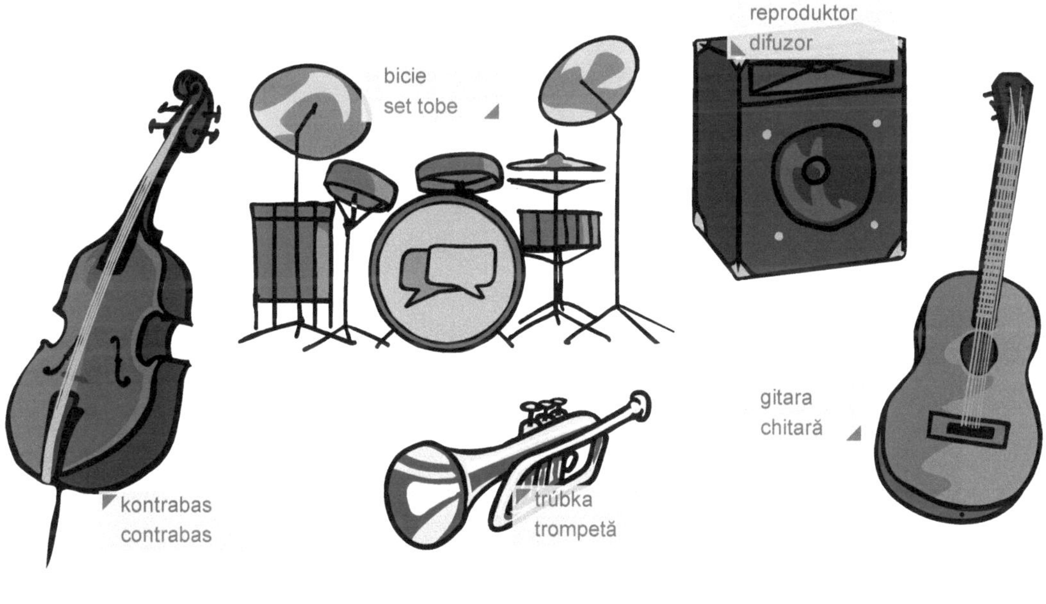

bicie
set tobe

reproduktor
difuzor

kontrabas
contrabas

trúbka
trompetă

gitara
chitară

klavír
pian

husle
vioară

basa
bas

tympany
trombon

bubon
tobă

klávesnica
keyboard

saxofón
saxofon

flauta
fluier

mikrofón
microfon

ZOO

grădină zoologică

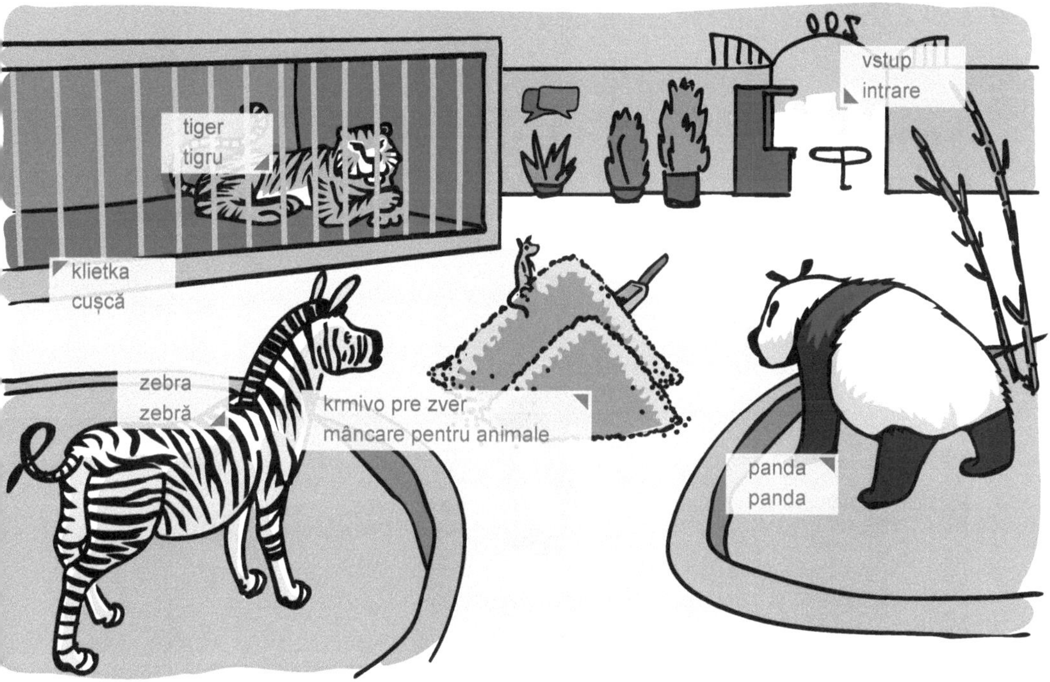

tiger
tigru
vstup
intrare
klietka
cușcă
zebra
zebră
krmivo pre zver
mâncare pentru animale
panda
panda

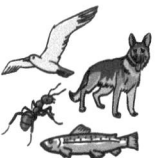

zvieratá

animale

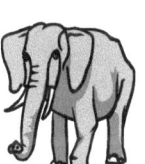

slon

elefant

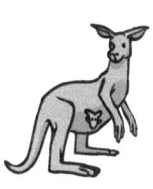

klokan

cangur

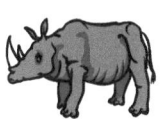

nosorožec

rinocer

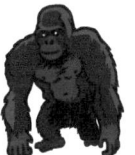

gorila

gorilă

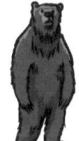

medveď

urs

ťava
....
cămilă

pštros
....
struţ

lev
....
leu

opica
....
maimuţă

plameniak
....
flamingo

papagáj
....
papagal

ľadový medveď
....
urs polar

tučniak
....
pinguin

žralok
....
rechin

páv
....
păun

had
....
șarpe

krokodíl
....
crocodil

ošetrovateľ v ZOO
....
îngrijitor grădina zoologică

tuleň
....
focă

jaguár
....
jaguar

ZOO - grădină zoologică

poník

ponei

leopard

leopard

hroch

hipopotam

žirafa

girafă

orol

acvilă

diviak

porc mistreț

ryba

pește

korytnačka

broască țestoasă

mrož

morsă

líška

vulpe

gazela

gazelă

americký futbal
fotbal american

cyklistika
ciclism

tenis
tenis

basketbal
basketball

plávanie
înot

box
box

hokej
hockey pe gheață

futbal
fotbal

bedminton
badminton

ľahká atletika
atletism

hádzaná
handbal

lyžovanie
schi

pólo
polo

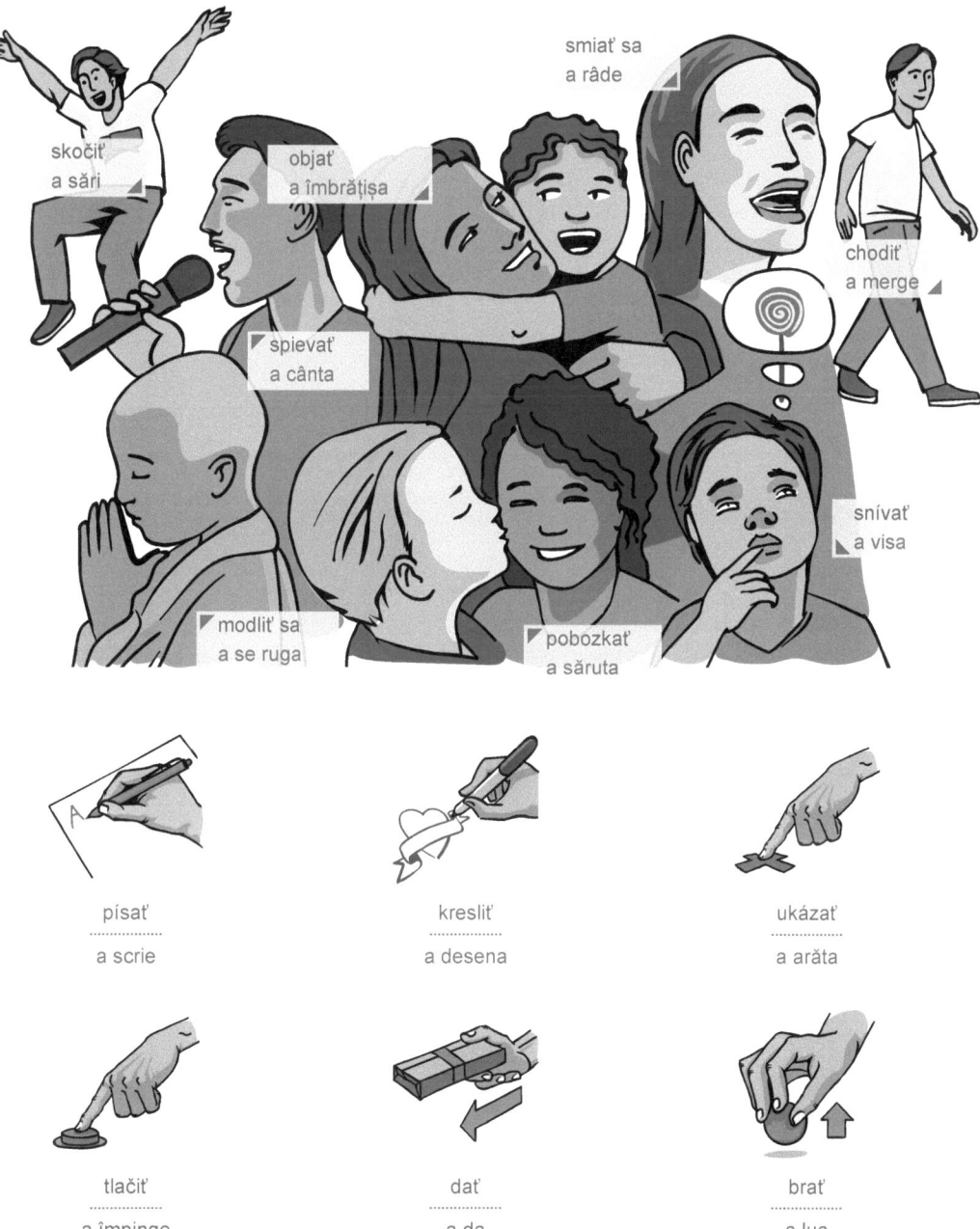

skočiť
a sări

objať
a îmbrățișa

smiať sa
a râde

chodiť
a merge

spievať
a cânta

snívať
a visa

modliť sa
a se ruga

pobozkať
a săruta

písať
a scrie

kresliť
a desena

ukázať
a arăta

tlačiť
a împinge

dať
a da

brať
a lua

mať

a avea

robiť

a face

byť

a fi

stáť

a sta în picioare

bežať

a fugi

ťahať

a trage

hádzať

a arunca

padnúť

a cădea

ležať

a sta întins

čakať

a aștepta

nosiť

a purta

sedieť

a ședea

obliecť sa

a se îmbrăca

spať

a dormi

zobudiť sa

a se trezi

pozerať

a privi

plakať

a plânge

hladkať

a mângâia

česať

a se pieptăna

hovoriť

a vorbi

rozumieť

a înțelege

pýtať sa

a întreba

počuť

a asculta

piť

a bea

jesť

a mânca

upratať

a face ordine

milovať

a iubi

variť

a găti

jazdiť

a conduce

letieť

a zbura

plachtiť

a naviga

počítať

a calcula

čítať

a citi

učiť sa

a învăța

pracovať

a munci

oženiť

a se căsători

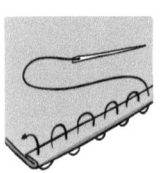

šiť

a coase

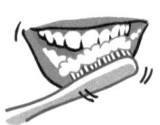

čistiť zuby

a se spăla pe dinți

zabiť

a ucide

fajčiť

a fuma

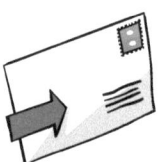

poslať

a trimite

stará mama
bunică

starý otec
bunic

otec
tată

mama
mamă

bábo
bebeluș

dcéra
soră

syn
fiu

hosť
oaspete

teta
mătușă

strýko
unchi

brat
frate

sestra
soră

telo
corp

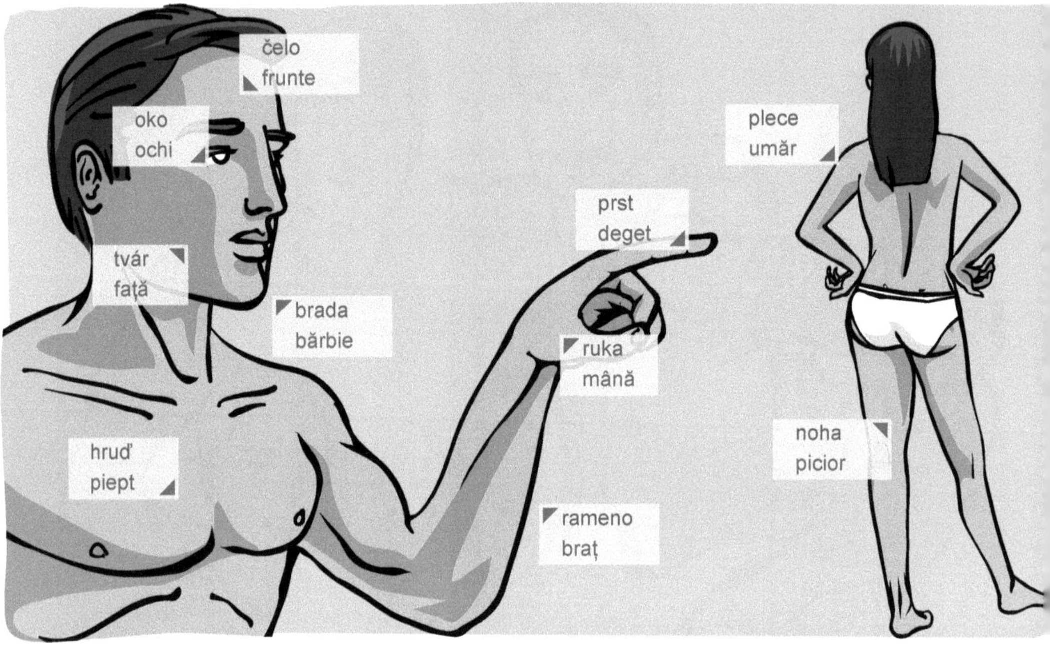

čelo
frunte
oko
ochi
plece
umăr
prst
deget
tvár
fața
brada
bărbie
ruka
mână
noha
picior
hruď
piept
rameno
braț

bábo
bebeluș

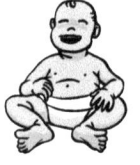

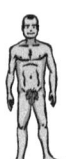

muž
bărbat

žena
femeie

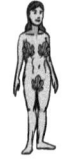

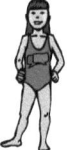

dievča
fată

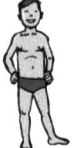

chlapec
băiat

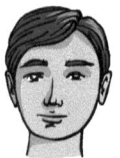

hlava
cap

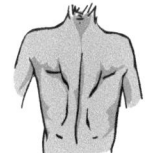

chrbát

spate

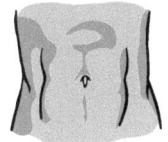

brucho

abdomen

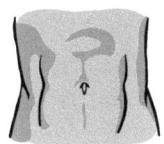

pupok

ombilic

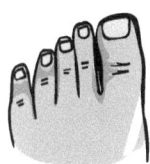

prst na nohe

deget de la picior

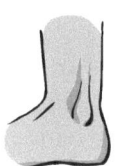

päta

călcâi

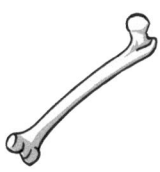

kosť

os

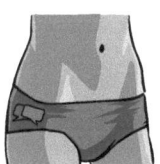

bok

șold

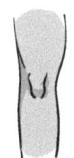

koleno

genunchi

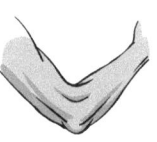

lakeť

cot

nos

nas

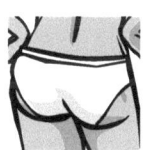

zadok

fund

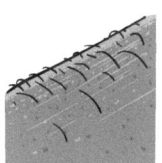

koža

piele

líce

obraz

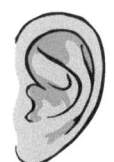

ucho

ureche

pery

buză

ústa
gură

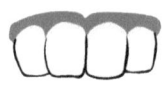

zub
dinte

jazyk
limbă

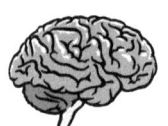

mozog
creier

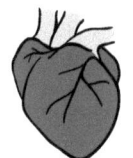

srdce
inimă

svaly
mușchi

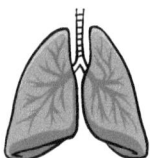

pľúca
plămân

pečeň
ficat

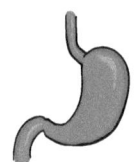

žalúdok
stomac

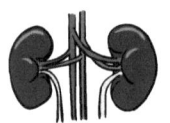

obličky
rinichi

pohlavný styk
sex

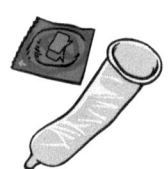

kondóm
prezervativ

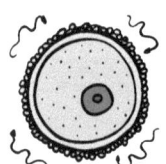

vaječná bunka
ovul

semeno
spermă

tehotenstvo
sarcină

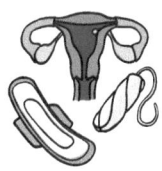

menštruácia

menstruație

vagína

vagin

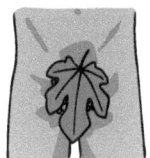

penis

penis

obočie

sprânceană

vlasy

păr

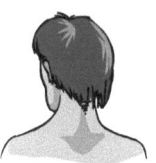

krk

gât

telo - corp

71

nemocnica
spital

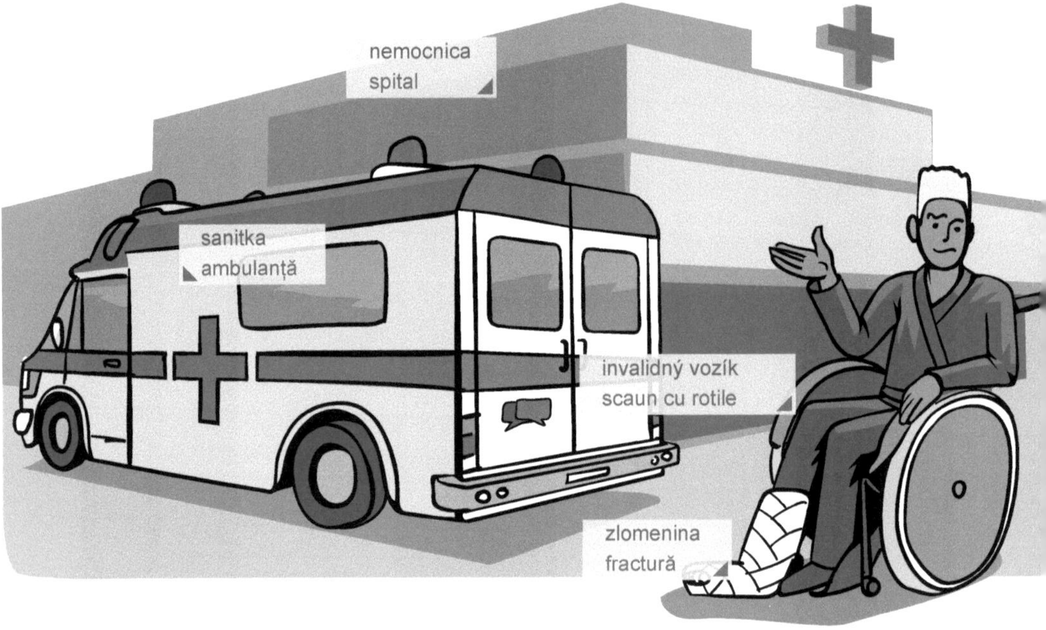

nemocnica
spital
sanitka
ambulanță
invalidný vozík
scaun cu rotile
zlomenina
fractură

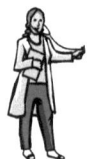

lekár

medic

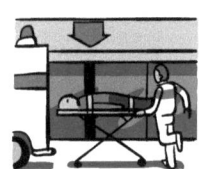

urgentný príjem

unitate de primiri urgențe

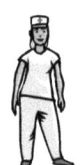

sestrička

soră medicală

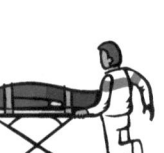

urgentný prípad

urgență

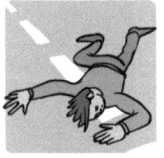

v bezvedomí

inconștient

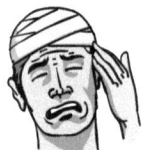

bolesť

durere

zranenie

leziune

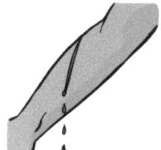

krvácanie

sângerare

srdcový infarkt

infarct miocardic

mozgová porážka

atac cerebral

alergia

alergie

kašeľ

tuse

teplota

febră

chrípka

gripă

hnačka

diaree

bolesť hlavy

durere de cap

rakovina

cancer

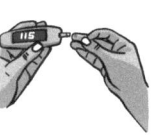

cukrovka

diabet

chirurg

chirurg

skalpel

scalpel

operácia

operație

CT
CT

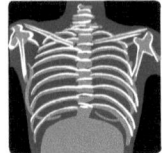

RTG
raze Röntgen

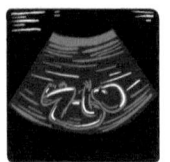

ultrazvuk
ultrasunet

maska
mască

choroba
boală

čakáreň
sală de așteptare

barla
cârjă

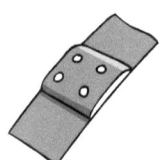

náplasť
plasture

obväz
bandaj

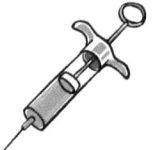

injekcia
injecție

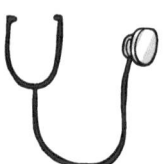

fonendoskop
stetoscop

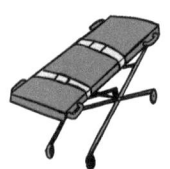

nosidlá
targă

teplomer
termometru

pôrod
naștere

nadváha
supraponderabilitate

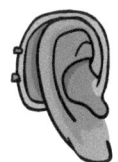

audiofón

aparat auditiv

dezinfekčný prostriedok

dezinfectant

infekcia

infecție

vírus

virus

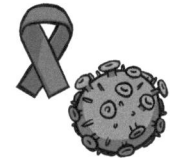

HIV / AIDS

HIV/SIDA

medicína

medicină

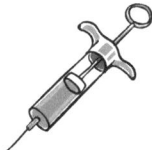

očkovanie

vaccin

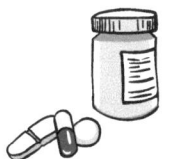

tabletky

tablete

antikoncepčná pilulka

pastilă

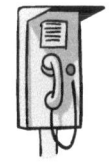

tiesňové volanie

apel de urgență

tlakomer

aparat de măsurare a
presiunii arteriale

chorý / zdravý

bolnav/sănătos

Pomoc!

Ajutor!

alarm

alarmă

prepad

agresiune

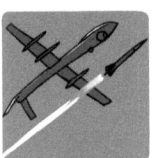

útok

atac

nebezpečenstvo

pericol

núdzový východ

ieșire de urgență

Horí!

Foc!

hasičský prístroj

extinctor

nehoda

accident

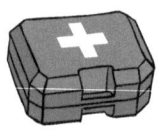

kufrík prvej pomoci

trusă de prim-ajutor

SOS

SOS

polícia

poliție

Európa

Europa

Severná Amerika

America de Nord

Južná Amerika

America de Sud

Afrika

Africa

Ázia

Asia

Austrália

Australia

Atlantický oceán

Altantic

Tichý oceán

Pacific

Indický oceán

Oceanul Indian

Južný oceán

Oceanul Antarctic

Severný ľadový oceán

Oceanul Arctic

Severný pól

Polul Nord

Južný pól
....
Polul Sud

Antarktída
....
Antarctica

Zem
....
pământ

krajina
....
țară

more
....
mare

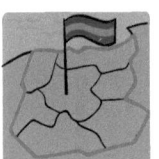

ostrov
....
insulă

národ
....
națiune

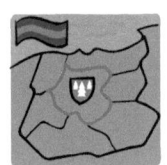

štát
....
stat

ciferník

cadran

hodinová ručička

orar

minútová ručička

minutar

sekundová ručička

secundar

Koľko je hodín?

Cât e ceasul?

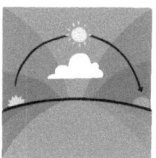

deň

zi

čas

timp

teraz

acum

digitálne hodiny

cead digital

minúta

minut

hodina

orǎ

týždeň
săptămână

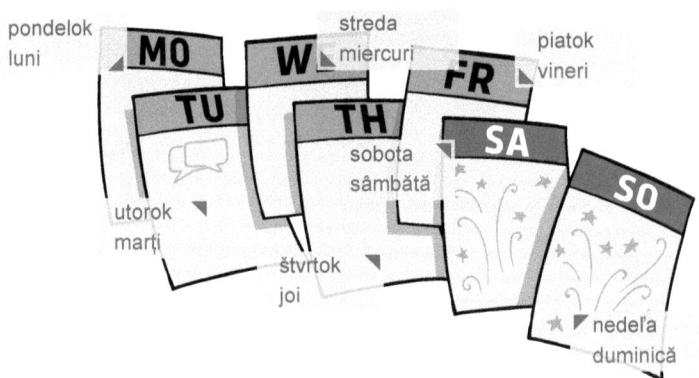

pondelok / luni
streda / miercuri
piatok / vineri
utorok / marţi
štvrtok / joi
sobota / sâmbătă
nedeľa / duminică

včera
ieri

dnes
azi

zajtra
mâine

ráno
dimineaţă

poludnie
amiază

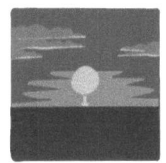

večer
seară

MO	TU	WE	TH	FR	SA	SU
1	2	3	4	5	6	7
8	9	10	11	12	13	14
15	16	17	18	19	20	21
22	23	24	25	26	27	28
29	30	31	1	2	3	4

pracovné dni
zile lucrătoare

MO	TU	WE	TH	FR	SA	SU
1	2	3	4	5	6	7
8	9	10	11	12	13	14
15	16	17	18	19	20	21
22	23	24	25	26	27	28
29	30	31	1	2	3	4

víkend
week-end

rok

an

dážď
ploaie
dúha
curcubeu
vietor
vânt
sneh
zăpadă
jar
primăvară
leto
vară
jeseň
toamnă
zima
iarnă

4.APRIL 11°
5.APRIL 4°
6.APRIL 13°
7.APRIL 8°
8.APRIL 10°

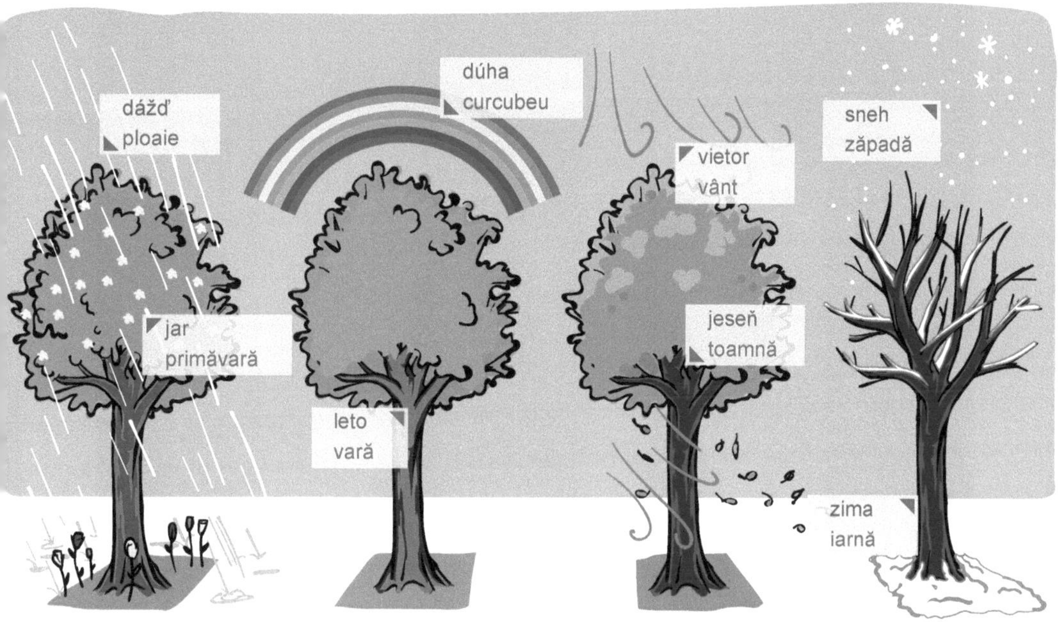

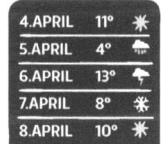

predpoveď počasia

prognoză meteo

F
C
120
90
60
30
0
-30
40
30
20
10
0
-10
-20

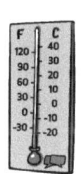

teplomer

termometru

slnečný svit

lumina soarelui

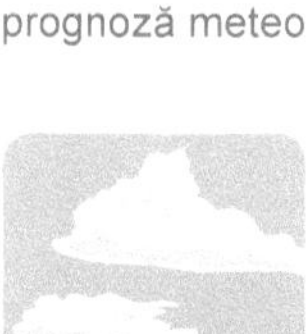

oblak

nor

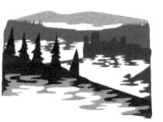

hmla

ceață

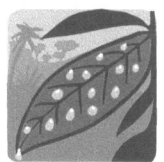

vlhkosť vzduchu

umiditate a aerului

blesk

fulger

hrom

tunet

búrka

furtună

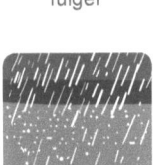

krúpy

grindină

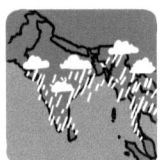

monzún

muson

záplava

inundație

ľad

gheață

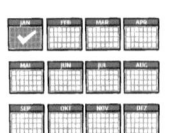

január

ianuarie

február

februarie

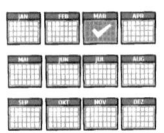

marec

martie

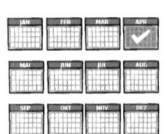

apríl

aprilie

máj

mai

jún

iunie

júl

iulie

august

august

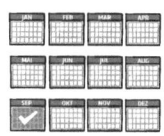

september
....
septembrie

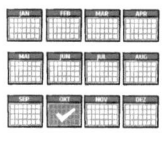

október
....
octombrie

november
....
noiembrie

december
....
decembrie

kruh
....
cerc

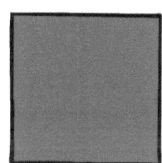

štvorec
....
pătrat

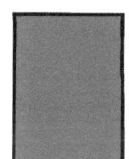

obdĺžnik
....
dreptunghi

trojuholník
....
triunghi

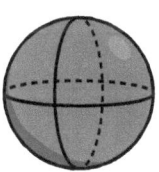

guľa
....
sferă

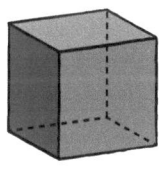

kocka
....
cub

farby
culori

biela
....
alb

žltá
....
galben

oranžová
....
portocaliu

ružová
....
roz

červená
....
roşu

fialová
....
violet

modrá
....
albastru

zelená
....
verde

hnedá
....
maro

šedá
....
gri

čierna
....
negru

veľa / málo

mult/puțin

zúrivý / pokojný

furios/calm

pekný / škaredý

frumos/urât

začiatok / koniec

început/sfârșit

veľký / malý

mare/mic

svetlý / tmavý

luminos/întunecat

brat / sestra

frate/soră

čistý / špinavý

curat/murdar

úplný / neúplný

complet/incomplet

deň / noc

zi/noapte

mŕtvy / živý

mort/viu

široký / úzky

lat/strâmt

chutný / nechutný

comestibil/necomestibil

zlostný / láskavý

rău/prietenos

vzrušený / unudený

emoţionat/plictisit

tlstý / chudý

gras/slab

prvý / posledný

primul/ultimul

priateľ / nepriateľ

prieten/inamic

plný / prázdny

plin/gol

tvrdý / mäkký

tare/moale

ťažký / ľahký

greu/uşor

hlad / smäd

foame/sete

chorý / zdravý

bolnav/sănătos

nelegálny / legálny

ilegal/legal

inteligentný / hlúpy

inteligent/stupid

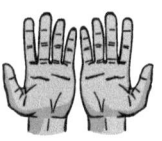

vľavo / vpravo

stânga/dreapta

blízko / ďaleko

aproape/departe

protiklady - antonime

nový / použitý

nou/uzat

nič / niečo

nimic/ceva

starý / mladý

bătrân/tânăr

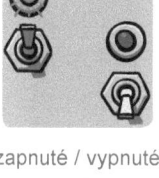

zapnuté / vypnuté

pornit/oprit

otvorené / zatvorené

deschis/închis

tichý / hlasný

încet/tare

bohatý / chudobný

bogat/sărac

správne / nesprávne

corect/fals

drsný / hladký

aspru/neted

smutný / šťastný

trist/fericit

krátky / dlhý

lung/scurt

pomaly / rýchlo

încet/repede

mokrý / suchý

ud/uscat

teplý / studený

cald/rece

vojna / mier

război/pace

0

nula

zero

1

jeden

unu

2

dva

doi

3

tri

trei

4

štyri

patru

5

päť

cinci

6

šesť

șase

7

sedem

șapte

8

osem

opt

9

deväť

nouă

10

desať

zece

11

jedenásť

unsprezece

12
dvanásť
douăsprezece

13
trinásť
treisprezece

14
štrnásť
paisprezece

15
pätnásť
cincisprezece

16
šestnásť
șaisprezece

17
sedemnásť
șaptesprezece

18
osemnásť
optsprezece

19
devätnásť
nouăsprezece

20
dvadsať
douăzeci

100
sto
o sută

1.000
tisíc
o mie

1.000.000
milión
un milion

angličtina

engleză

americká angličtina

engleză americană

mandarínska čínština

chineza mandarină

hindčina

hindi

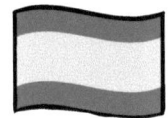

španielčina

spaniolă

francúzština

franceză

arabčina

arabă

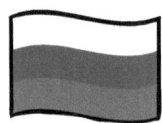

ruština

rusă

portugalčina

protugheză

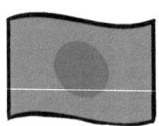

bengálčina

bengaleză

nemčina

germană

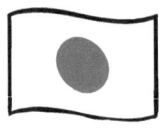

japončina

japoneză

ja
....
eu

ty
....
tu

on/ona/ono
....
el/ea

my
....
noi

vy
....
voi

oni
....
ea

kto?
....
cine?

čo?
....
ce?

ako?
....
cum?

kde?
....
unde?

kedy?
....
când?

meno
....
nume

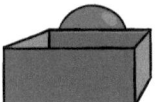

za
în spate

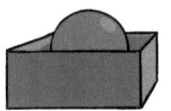

v
în

pred
înainte

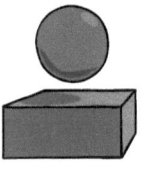

nad
peste

na
pe

pod
sub

vedľa
lângă

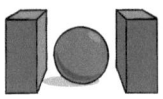

medzi
între

miesto
loc